Jürgen Spohn

DRUNTER & DRÜBER

Verse zum Vorsagen
Nachsagen Weitersagen

C. BERTELSMANN VERLAG

Ich nicht

Am Kuchenteller
war ein Dieb
Wo ist das Stück
das übrig blieb?

Ich war's nicht
sagt das Känguruh
und hält sich
seinen Beutel zu

Diesmal

Gerneklein
sucht Gerneklein
Gerneklein
ist so allein

Da, da kommt
mein Gerneklein
Diesmal
muß es Liebe sein

Doch da war
es wieder bloß
so ein kleiner
Gernegroß

Mark & Pfennig

Kenn ich
sagt die Mark
zum Pfennig
immer willst du
etwas ab
von dem bißchen
das ich hab

Sagt der Pfennig
zu der Mark:
Du da, fühl dich
nicht so stark
Ohne hundert Stück
wie mich
gibt es sowas nicht
wie dich!

Katz & Maus

Liebe Katze
laß mich leben
will dir auch
was Schönes geben
aua, au
nein, bitte nein
darf's vielleicht
mein Spielzeug sein
oder einen Sack
voll Geld
oder auch
die ganze Welt
Sag mir
was du willst
als Lohn –
diesen Mäusevers
vom Spohn?

Schnapp

Schnapp, schnapp
da biß
schnapp, schnapp
wer wem
ein Stückchen ab
schnapp, schnapp
vom Ohr
schnapp, schnapp
schnapp, schnapp
sowas kommt vor

Floh

Ein Floh
der floh
aus einem Zoo
in meine Hose
ins Exil
da juckt er
oft & gern & viel

Diagnose

Der Globus
der ist dick & rund
doch ach
da ist was nicht gesund

An Stellen
auf der Außenhaut
da qualmt es
stinkt es
und ist laut

Und geht man
in der Sache tiefer
entdeckt man da
ein Ungeziefer

Oh

Schnecken
erschrecken
wenn
Schnecken
an
Schnecken
lecken
weil
Schnecken
manchmal
Schnecken
schmecken

Neu! Sensation!

Dieses Mittel
wirkt enorm
Hoffnung
in Tablettenform

Kurz bevor
das Ende droht
gegen Sterben
und den Tod

Dreimal täglich
zwei drei Stück
Bei Nichtgefallen
Geld zurück

Ein Schauder

Ein Schauder
stieg am Bahnhof aus
lief übern Damm
ins nächste Haus
und legt sich
auf die Lauer
an einer
dunklen Mauer

Dort um die Ecke
bog ein Mann
den sprang er dann
von hinten an
mit Wonne & Entzücken
lief er ihm
übern Rücken

Niemand

Wer hat mir
freundlich zugenickt?
NIEMAND

Wer hat mir
in den Arm gezwickt?
NIEMAND

Wer wollte noch
ein Weilchen bleiben?
NIEMAND

Wer wollte mir
demnächst mal schreiben?
NIEMAND

Wer gießt mir
noch ein Gläschen ein?
NIEMAND

Wer möchte manchmal
bei mir sein?
NIEMAND

Wer schickt mir
einen Sonnenschein?
NIEMAND

Wer schaut mir
in die Seele rein?
NIEMAND

Wer teilt mit mir
ein Stückchen Lust?
NIEMAND

Wer hält mich fest
an seiner Brust?
NIEMAND

Wer klopft vielleicht mal
bei mir an,
damit ich: Komm doch!
rufen kann?

Mehr oder weniger

Die Löcher machen
den Knopf zum Knopf
denn ohne Löcher
ist wie ohne Kopf
So sprach ein Knopf
aus Edelholz
und war auf seine
zwei Löcher stolz

Da eines Tages
begegnet ihm doch
einer – der hatte
viermal ein Loch
Da war es mit
seinem Stolz vorbei
denn er hatte nur zwei

Gedanke

Mir war so leer
da flog mir ein Gedanke daher:
Ein lila LASSMICHRAUS
mit MULLERSCHMAUS
und ZOTTELN dran
und FASSMICHAN
ungefähr sooo groß
und ließ mich
nicht mehr wieder los

Betrifft: Krokodile

Heute
sprach das Krokodil
geht es um die Haut
vom Nil!

KROKO
ist ein
feines Leder
das weiß jeder

Manche
können es nicht lassen
KROKO-Leder
anzufassen

Wehe – sag ich –
wehe, wehe
wenn ich
einen damit sehe!

Lied

War ein Lied
aus heiteren Tagen
Ließ sich vom Wind
in die Städte tragen

Sah Straßen und Höfe
und Mietskaserne
Fabriken und Schlote
verhangene Sterne

Sah sich nach
den Menschen um
Die sangen nicht mehr
die blieben stumm

Fragezeichen

Ein Kuß
ist das etwas
das man muß
oder aber
was man will
vielleicht
lebhaft
oder still
mit Vergnügen
oder Lust
hätte ich
so gern gewußt

Beide

Ein Sperling
und ein Elefant
die gingen beide
Hand in Hand

Die Leute riefen:
Seht mal her
für den da
ist der viel zu schwer

Und als ein Jahr
vergangen war
da war'n sie
immer noch ein Paar

Da war den Leuten
ziemlich klar
daß das
die große Liebe war

Ohne

Der Henkel
sagte zu der Tasse:
Du bist so hohl
wie ich dich hasse!

Die Tasse
sagte zu dem Henkel:
Was soll das
dämliche Geplänkel?

Und nach der Art der
Henkeltassen
hat man sich dann
scheiden lassen

Rätsel

Ich habe oben
Loch an Loch
und meinen
Kopfstand
mag der Koch

Was ist das?

(Salzstreuer)

Getuschel

Die da
ist mit
der da da
und
der da
ist mit
dem da da
und
da ist
das da
damit da
und
die da
war mit
dem da da
als da
die da
den da sah

Reklame

Unvermeidlich
bißchen Dreck
geht jedoch
beim Waschen weg
bleibt zurück
als schwarzer Rand
in der Wanne
an der Wand
Ist auch das
noch ein Problem
Mußte
WANNENWICHTEL
nehm

Streik

Zwei Schuhe
wollten nicht mehr gehen
In München, am Stachus
da blieben sie stehen

Keine Erde, kein Gras
kein Blatt
wir haben das
Asphalttreten satt!

Es half kein Bitten
und kein Locken
Der Mensch ging weiter
auf den Socken

Was sind das für Schuhe?
fragen die Leute
denn da stehen die beiden
traurig noch heute

Tag für Tag

Die Jahrestage
treten an
An jedem Tag
ist einer dran
Und wenn
mal einer
nicht mehr will
demnächst
am 13. April
dann steht
der Lauf
der Zeiten still

Hühnerbrühe

Sagt da doch
das Suppenhuhn
so beim
In-die-Suppe-tun:
Dies ist meine
Schlußbilanz
Das Leben
ist ein
Eiertanz

Ernste Frage

Drei Mäuse besprachen
die ernste Frage:
Was tut man
gegen die Menschenplage

Wie wär's mit
einer Menschenfalle?
Aber damit fangen wir
nicht alle

Oder ein Gift
in den Kaviar mischen?
So können wir auch
nicht alle erwischen

Da sagte
die allerklügste Maus:
Die rotten sich
demnächst selber aus!

Fortschritt

Der Fortschritt
ist ein Ungeheuer
gefräßig, emsig
und recht teuer

Er frißt Milliarden
und Millionen
und hintenraus
ja, hintenraus
da kommen
Industrienationen

Vom Alkohol

Ein Murmeltier
zum Murmeltier:
Wie wär's mit einem
Murmelbier
(gleich hier bei mir)

Ein Murmelbier
zwei Murmelbier
drei Murmelbier
vier . . .

Seither gibt es
bei Murmeltieren
vom vielen
Murmelbierprobieren
nur Milch zum Brot
und: Bierverbot

Für

Das Leben ist
zum Leben da
für: Picknick
im Himalaja
für: eine Katze
zum Schnurren bringen
für: Fortbewegung
auf eigenen Schwingen
für: einen duftenden
Pfirsich küssen
für: wollen wollen
statt müssen müssen

He!

Heute ist einer
in meiner Haut
der ist mir
gar nicht
recht vertraut

Zwar ist da
das hängende Augenlid
eine Nase
die meiner
ähnlich sieht

Er trägt mein
blaukariertes Hemd
sonst jedoch
ist er
mir fremd

So vor dem Spiegel
da sagt er mir:
Was willst
du denn hier?

Liebe

Ich liebe ein
Radieschen sehr
von Herzen tief
und mehr & mehr
Wie kann ich
das beweisen?
Ich werde es
verspeisen

Nanu

Kann das sein
unter dem Tisch
da ist ein Bein

Wie es sich regt
und vorne
den großen Zeh bewegt

Steh ich auf und denk: nanu
das Bein
gehört zu mir dazu

Pflaume

Die Blüte sagt
zur Hummel:
Bleib
ein Weilchen hier
zum Zeitvertreib!

Und als
die Hummel
etwas blieb
da hatten sich
die beiden lieb

Und komm
demnächst mal
wieder her
Dann bin ich
rund & süß & schwer!

Schicksal

Ein Männlein
sucht ein Fräulein
Es muß ja nicht
ganz neu sein

Ein Männlein
lädt ein Fräulein
im Mondenschein
ins Heu ein

Ein Männlein
liebt ein Fräulein
und will ihm
ewig treu sein

Oh weh

Zwei verliebte
Stubenfliegen
die sah man
aufeinanderliegen
zwecks Lust & Freud
& Kinderkriegen

Saust der Pantoffel
von dem Herrn
(Fliegen hat er
nicht so gern)
mit Wumm & Krach
Oh weh, oh weh
da war'n sie flach

Riesenrad

Wär das nett
wenn ich einen
Riesen hätt
sagte sich
das Riesenrad
Ohne Riesen
ist es fad

Früher

Ein Ohr ist ab
das Fell ist blank
das Innendrin
ist etwas krank
Lippenstift
und Heuledreck
und von der Suppe
einen Fleck
die Stelle
ist ganz abgewetzt
wo man ihn
immer hingesetzt
der Blick ist traurig
trüb und leer
denn, ach
es will ihn
niemand mehr
In einer leeren Kiste
fand
ein Teddybär
den Ruhestand

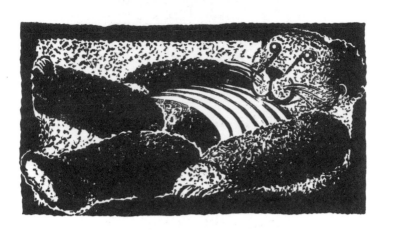

Bei Nacht

Plötzlich – bei Nacht
da hat es
RUMPUM RUMPUM
gemacht
RUMPUM RUMPUM
in die Stille hinein
RUMPUM RUMPUM
was kann denn das sein
RUMPUM RUMPUM
neben dem Brett
RUMPUM RUMPUM
auch unter dem Bett
RUMPUM RUMPUM
selbst vor dem Haus
RUMPUMT es da
aus mir innen heraus?

Doppelt

Bei mir
da faßt man zweimal hin
freute sich
das Doppelkinn
Ein Glücksfall
daß ich doppelt bin

Schneemann

Ich werde größer
aber er wird klein
Nein
ich möchte kein
Schneemann sein

Wenn alle Menschen
voll Hoffnung sind
fürchtet er sich
vor dem warmen Wind
Nein
ich möchte kein
Schneemann sein

Nur einmal im Traum
da sah er
einen blühenden Baum
Nein
ich möchte kein
Schneemann sein

Und als die Sonne
an ihm nagt
da hat er mich
nach dem Sommer gefragt
Nein
ich möchte kein
Schneemann sein

Zum Schluß ist er noch
ein nasser Fleck
Und dann – ist er weg
Nein
ich möchte kein
Schneemann sein

Siebenfüßler

Ein Siebenfüßler
sagt:
Na, ja
was bringt mir denn
die Algebra
Warum denn
mit dem Rechnen
quälen
Es reicht mir schon:
Bis sieben zählen

Schnipsel

Der Mensch ist
was sein Glück betrifft
sich selbst sein Gift

Das Müssen
und das Wollen, ach
die haben
miteinander Krach

Auf einer Torte
stehen die Worte
VIEL GLÜCK, VIEL GLÜCK
ich will ein Stück

Bleib, liebe Zeit
ach bleib, ach bleib
diesmal war's
kein Zeitvertreib

Bitte, bitte knips mich an
damit ich für dich leuchten kann

Wie heißt du denn?

Dieter-Peter Seisogut
Katherina Ohnemut
Manuela Laßdassein
Ina-Tina Dummundklein
Dorothea Immerwieder
Adelgunde Ohnelieder
Anneliese Lieberspäter
Udo-Hermann Freundverräter
Hans-Joachim Achselzucker
Heiner-Hugo Fernzielspucker
Maximilian Nachbarschreck
Margarethe Laufnichtweg
Karoline Küßmichmal
Friederike Miregal
Ludovico Zeigmalher
Michaela Gehtnichtmehr
Karl-Matthias Immerich
Rosalinde Werliebtmich

Testament

Dieses
sagte die Kamille
dieses ist mein letzter Wille:

Erdbestattung
Feuertod
wenn mein
letztes Stündlein droht

Aber
wenn ich das so seh
bitte nicht Kamillentee!

Es lebt

Sieh mal:
es lebt
Wie es sich
mit dem Wind
erhebt
buntschillernd
durch die
Straßen treibt
hier & dort
für ein
Weilchen bleibt
Und ich denke mir:
es lebt
dieses
Bonbonpapier

Fink

Ein Fink
zum Fink:
Du, hör mal zu
das Wörtchen Schmutz
das ist TABU
Jeder wird
sofort verklagt
wenn er Schmutzfink
zu mir sagt

Leiter

Am
Am Ende
Am Ende von
Am Ende von der
Am Ende von der Leiter

da geht es
nicht mehr weiter

Aus

An einem
traurigen Sommertag
ein Käfer
auf seinem
Rücken lag
faltet die Beinchen
zum letzten Gebet
weil es jetzt bald
zu Ende geht
wünscht sich
in seiner Käfernot
ein Leben
nach dem Käfertod
bejammert die
hoffnungslose Lage
zählt die
verflossenen Käfertage
denkt noch mal
an die Lieben zu Haus
und dann
ist es aus

Ja/Nein

Da war einmal
ein Wörtchen
NEIN
das dachte sich
es wär allein
und als es dann
von ferne sah
das Wörtchen
JA
da konnten sich
die beiden
nicht leiden

Sowohl als auch

Es tummelt sich
ein Sonnenfleck
im Blumenbeet
im Schweinedreck
und summt bei sich
das kleine Lied:
Ich mache
keinen Unterschied

Laß das

Es führt ein Weg
durch den Apfelbrei
ganz dicht an meinem
Löffel vorbei

Von dem Hügel
am Tellerrand
sieht man weit
über das Apfelmusland

Dort drüben
in Richtung Süd-Südwesten
ist ein Glibbergletscher
aus Sahneresten

Das da
soll eine Rutschbahn sein
und hier stecke ich jetzt
meinen Finger hinein

Spektrum

Spektrum
ist das halbe Leben
Spektrum
hinter, vor und neben
dem Gedanken
den man hat
Ohne Spektrum
ist man platt

Aua, au
oh jemine
wie tut mir heut
mein Spektrum weh

Flugsicherung

Ein Engelein
flog unerlaubt
in Tegel ein
Bei diesem Nebel!
Muß das sein?
Und das
ohne Pilotenschein

Die Leute
von dem Tower
die sind schon
ganz schön sauer

Beruf?

Es prahlte
eine Küchenschabe
zur Frage der
Berufsangabe:

Früher war ich
Hausverwalter
und auch schon als
Lohnbuchhalter
und davor als
Kleintierhalter
auch schon mal als
Haarespalter
und bereits als
Heimgestalter
ja, ja, auch mal als
Nachtclubfalter
einmal schon als
Mann am Schalter
und zuvor als
Unterhalter

Suppenrezept

Kochen können
ist nicht schwer
ein paar Sachen
müssen her:
Marzipan mit Vogeldreck
Lebertran & Mäusespeck
Sellerie & Würmersud
Lehrerschweiß & Nasenblut
Mist & Matsch & Fliegenei
rühren bis
es wird zu Brei
fünf Minuten
kochen lassen
dann in
vorgewärmte Tassen
Petersilie drüberstreun
und die Eltern
wern sich freun

Alle Jahre wieder

Frohes Fest!
Wieso, warum
das FROHE FEST
das ist doch um

Ach so, na ja
ist doch egal
dann eben für
das nächstemal

Übermorgen

Ach, gestatten
schöne Dame
MÖCHTEGERNE
ist mein Name
Können können
ist mein Ziel
möchte gerne
möchte viel
Übermorgen
(ist doch klar)
werde ich ein
SUPERSTAR

HURRA

Hurra
hurra
hurra
da war's
schon wieder
da
das Ögelchen
das
beinah ist
ein
Vögelchen

Siehste

Ein Krabbeltier
blieb mit dem Leben
in einem
Honigglase kleben

So manchmal
kehrt man
nicht zurück
von einem Ausflug
in das Glück

Mit

Es geht
der Mensch
nicht ohne Kopf
Der Deckel
geht nicht
ohne Topf
Schneewittchen
geht nicht
ohne Zwerge
Und Bayern
geht nicht
ohne Berge
Springen
geht nicht
ohne Bein
Die Liebe
geht nicht
ganz allein

Vorsicht

Vater Schwein
und Mutter Schwein
die riefen
ihre Kinderlein:
Ihr lieben Schweinchen
habet acht
daß keiner aus euch
Würstchen macht

Mein Ofen

Meinen Ofen
brauche ich
und mein Ofen
der braucht mich

Mein Ofen frißt
mit großer Gier
am allerliebsten
Kreppapier
Und Kohlen
muß ich ihm
täglich holen

Ach, seine
wohligwarme Glut
die streichelt mich
und tut mir gut

Muß ich mal
länger aus dem Haus
dann fehlt ihm was
und er geht aus

Ausnahmezustand

Ein Knopf
von einer Hose:
Heut bin ich
aber lose

Ein Bein
von einem Hocker:
Heut bin ich
aber locker

Entflogen

Quergestreift
am Ringelspitz
entflogen
ist mein kleiner Fritz
entflogen
ist mein kleiner Piep
entflogen
ist mein Habmichlieb
Fort und weg
und aus für immer
geblieben ist
ein leeres Zimmer

Hochzeit

In einem
GUMMI-
BÄRCHEN-
MÄRCHEN
wird aus dem
GUMMI-
BÄRCHEN-
KLÄRCHEN
und
GUMMI-
BÄRCHEN-
OTTOKÄRCHEN
ein
GUMMI-
BÄRCHEN-
MÄRCHEN-
PÄRCHEN

Rechnen

1 Wenn Hasenkinder
2 rechnen üben
3 dann tun sie das
4 mit gelben Rüben:
5 Drei und drei
6 und eins
7 ist süben

Lebenslauf

Ich heiße Nudel
und mache dick
geboren in einer
Nudelfabrik

Nudelsuppe
ist mir ein Graus
und Nudelpudding
halt ich nicht aus

Ich bin mit Ei
und die längste von allen
und mit einem Dreh
aus der Tüte gefallen

Da liege ich nun
recht kümmerlich
unterm Küchentisch
und schäme mich

Versuch

Ein Vogelkind
das hüpft im Wind
Mami, Mami
komm mal her
sag mir
ist das Fliegen schwer?
Bitte, zeig mir
wie man's macht
Wehe, wenn hier
einer lacht

Name

Irgendwann einmal
war der Name neu
als da hüpfte
eine Schrecke
ins Heu

Befragung

Gestatten, darf ich
höflich fragen
warum Sie täglich
Pelzkleid tragen?
Und das, mein Herr:
Sie hoppeln leicht
was vom normalen Gang
abweicht
Spaß an Kohl
und Kraut & Rüben,
gute Haltung machen üben
Am Hinterkopf
da schaut was vor
was aussieht
wie ein Hasenohr

Jawohl! Und auch
die Nase
erinnert stark
an Hase!

Warnung

Mami
sprach die kleine Maus
darf ich
noch ein bißchen raus
Bitte, bitte
laß mich doch
in der Nähe
vor dem Loch

Sie ist nie mehr
zurückgekommen
Die Katze
hatse
mitgenommen

Hundekuchen

Ein Hundekuchen
beklagte sich sehr:
Wenn ich doch
eine Kirschtorte wär
mit Mandelsplittern
und Sahne drauf
und wie ein
Futternapf so groß
HUNDEKUCHEN
ist ein trauriges Los

Wo ist die Zeit

Wo ist die Zeit
vom letzten Jahr
als ich mit dir
so fröhlich war

Wo ist die Zeit
vom vergangenen Tag
Wo ist die Zeit
die dazwischen lag

Wo ist die Zeit
die man vergißt
weil da nicht viel
gewesen ist

Wo ist die Zeit
von morgen
Was hält sie
mir verborgen?

Erkenntnis

Da war ein
linkes Hosenbein
das ließ nur
linke Beine rein

Da war ein
rechtes Hosenbein
das ließ nur
rechte Beine rein

So lautet
die Weisheit
der Hosenbeine:
Jedem das Seine

Idee

Fragt sich
das Huhn:
Was kann ich
für die
Nachwelt tun
in diesem
Alltagseinerlei
Ach ja, ich hab's
ich leg ein EI

Warten

WARTEN
gibt es viele Arten

Die Fliege
wartet auf die Klappe

Der Schlappe
wartet auf die Schlappe

Der Säugling
wartet auf die Brust

Der Lustige
auf seine Lust

Die Witwe
wartet auf den Trost

Die Flasche
wartet auf das PROST

Der Dumme
wartet auf das Glück

Der Kluge
hält sich da zurück

Der Ärmel
wartet auf den Arm

Der Bandwurm
wartet auf den Darm

Und auf den Krieg
der General

Der Neuling
auf das erstemal

Der Schoßhund
wartet auf den Schoß

Der kleine Mann
aufs große Los

Hoppla

Es war einmal
ein Hindernis
das hatte viel zu tun
Wartete in der
Finsternis
gewiß auf
PAULCHEN KUHN
und ANNELORE HABERMAS
und LISELOTTE SCHMITT
Die kamen
bei dem Hindernis
aus dem gewohnten Tritt

Ich

Ich stehe
manchmal
neben mir
und sage
freundlich
DU zu mir
und sag
DU bist
ein Exemplar
wie keines
jemals
vor dir war
DU bist
der Stern
der Sterne
Das hör ich
nämlich gerne

Reiter

Auf einer Maus
ritt eine Laus
ritt mit ein
und ritt mit aus
ritt mit
übers Federbett
ritt mit
durch das Bratenfett
ritt mit
in den Sahneschnee
ritt mit
über meinen Zeh

Jedoch bevor
die Katze kam – schnapp
sprang sie ab

Wann

Fragt und fragt
die kleine Kuh:
Wann bin ich auch
so groß wie du?

Ich will dir
eine Antwort geben:
Kälbchen
ist man
nur ein Jahr
Kuh
fürs ganze Leben

Erlebnis

Zwei Tage
berühren sich
in der Nacht
Da hat sich
der alte
davongemacht
und dem neuen Tag
mit auf den
Weg gegeben:
Lass den
KRAUSE PETER
mal was erleben

Es war einmal

Es war einmal
schon lange her
da lebte
so ein Lotterbär
ein Lotterbär

Und auch
die Lotterlise
die braucht nicht mal
ein Lotterbett
die lottert
auf der Wiese
die lottert
auf der Wiese

Ich will
kein Gold
und Königreich
ich brauch es nur
zum Lottern weich
zum Lottern weich

Nun trafen sich
der Lotterbär
und auch die Lotterlise
in einem grünen Lotternest
am Rand vom Paradiese
am Rand vom Paradiese

Die Leute machten
viel Geschrei
in einer Welt wie diese
Sie riefen nach der Polizei
und zeigten auf die Lise
und zeigten auf die Lise

Das Lottern
ja, was ist denn das
Man könnte meinen
das macht Spaß
Das macht Spaß

Meise

Ich nehme meine Meise
mit – wenn ich verreise
Und wenn ich nicht verreise
dann bleibt auch meine Meise

Also, sie ist immer da
und meistens
macht sie TRALLALA
nicht laut, doch eher leise
Ich habe eine Meise

Zoologie

Im Menschenzoo
im Menschenhaus
da sieht der Mensch
ganz menschlich aus
Ein Menschenskind
ganz frisch geboren
ein Unmensch
hat den Halt verloren
zwei Übermenschen
kümmerlich
ein Mitmensch
ist allein für sich
der Untermensch
ist vorn gezähnt
ein Herrenmensch
der meistens gähnt

Vorrang

Als ich in
einem Käse saß
und
weil ich
Käse gern esse
Käse aß
da kam so ein
gieriger Konsument
den man
an Messer & Gabel
erkennt
Er blickte verschreckt
und sagte:
Schade
in diesem Käse
ist eine Made
Er ließ ihn stehen
als er mich sah
Ich war ja schließlich
vor ihm da

Hallo du da

Hallo du da
bleib mal stehn
Hallo du da
laß mal sehn
Hallo du da
ach, gestatte
mir von deiner
Zuckerwatte
Du da
mit den Ringelsocken
deine schwarzen Augen
locken
Hallo du da
kleines Glück
schau doch
noch einmal zurück

Du

Ein ICH
das traf
ganz nebenbei
als ob das
nichts Besondres sei
ein DU

DU & ICH
sagt da das DU
das ist das Glück
du sagst mir zu

Warum der Rollmops
sauer ist

Der Rollmops
ist ein armes Tier
gewickelt in
ein Stück Papier

Er hat nicht
viel vom Leben mehr
und fürchtet sich
vor dem Verzehr

Sein Glück
ist nicht von Dauer
und deshalb
ist er sauer

Je nachdem

Ein Fliegerich
zur Fliegenfrau:
Willst du mich
lieben im Kakau
Das macht mich
so schön munter

Mich nicht
ich gehe unter!

Wie Wo Wann Warum

Warum ist
das Feuer heiß?
Warum ist
der Schneemann weiß?
Wer hat
den Himmel blau gemacht?
Wer hat
die Oma fortgebracht?
Wann bin ich
auch so groß wie du?
Wann kommt
die Milch raus aus der Kuh?
Wo ist
das Ende von der Welt?
Wo wird
der Regen abgestellt?
Wie kommt
das Ferkel aus dem Schwein?
Und wie denn
kam es vorher rein?

Jederzeit

Komm mich
mal besuchen
Ich back dir
einen Kuchen
Ich zeig dir
meinen Leberfleck
und puste
deine Sorgen weg
So, wie du bist
laß ich dich sein
und klopfst du an
laß ich dich ein

Inhalt